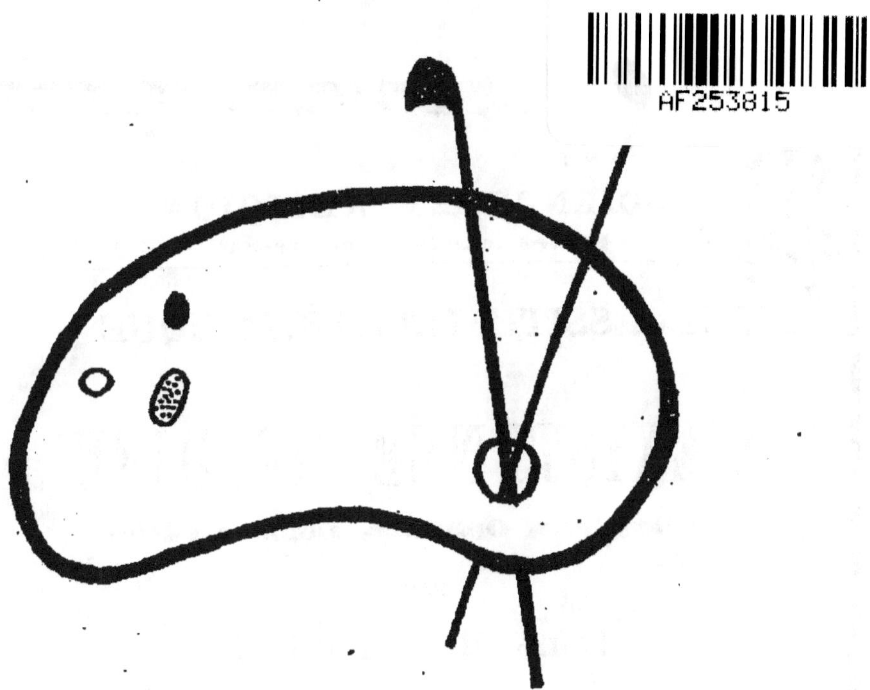

DEBUT D'UNE SERIE DE DOCUMENTS
EN COULEUR

NÉCESSITÉ MATHÉMATIQUE

DE

L'EXISTENCE DE DIEU

Explications, Opinions, Démonstration

PAR

René de CLÉRÉ

> L'existence de Dieu est une vérité mathématique et le dernier mot de la science moderne.
>
> HIRN.

PARIS

LIBRAIRIE BLOUD ET BARRAL

4, RUE MADAME ET RUE DE RENNES, 59

—

1899

— **Du doute à la Foi**, le besoin, les raisons, les moyens, les devoirs, la possibilité de croire, par le R. P. Tournebize, S. J. 4° édition.   **1** vol.

— **La Synagogue moderne**, sa doctrine et son culte, par A. F. Saubin.   **1** vol.

— **Évolution et Immutabilité de la doctrine religieuse dans l'Église**, par M. Prunier, supérieur au grand séminaire de Séez.   **1** vol.

— **La Religion spirite**, son dogme, sa morale et ses pratiques, par I. Bertrand.   **1** vol.

— **L'Hypnotisme franc et l'Hypnotisme vrai**, par le docteur Hélot, auteur de *Névroses et Possessions diaboliques*.   **1** vol.

— **Convenance scientifique de l'Incarnation**, par Pierre Courbet.   **1** vol.

— **L'Église et le Travail manuel**, par l'abbé Sabatier, du clergé de Paris, docteur en droit canon.   **1** vol.

— **L'Inquisition**, son rôle religieux, politique et social, par G. Romain, auteur de : *L'Église et la Liberté*.   **1** vol.

— **Unité de l'espèce humaine**, *prouvée par la similarité des conceptions et des créations de l'homme*, par le marquis de Nadaillac.   **1** vol.

— **Le Socialisme contemporain et la Propriété.** — *Aperçu historique*, par M. Gabriel Ardant.   **1** vol.

— **Pourquoi le Roman immoral est-il à la mode et pourquoi le Roman moral n'est-il pas à la mode ?** *Étude sociale et littéraire*, par G. d'Azambuja.   **1** vol.

— **Certitudes scientifiques et Certitudes philosophiques**, par le R. P. de la Barre, S. J., professeur à l'Institut catholique de Paris. 2° édition.   **1** vol.

— **L'Ame de l'homme**, par J. Guibert, supérieur du séminaire de l'Institut catholique de Paris. 2° édition.   **1** vol.

— **Faut-il une religion ?** par M. l'abbé Guyot, ancien professeur de théologie. 2° édition.   **1** vol.

— *Du même auteur :* **Pourquoi y a-t-il des hommes qui ne professent aucune religion ?** 2° édition.   **1** vol.

— **Nécessité scientifique de l'existence de Dieu**, par P. Courbet, 2° édition.   **1** vol.

— *Du même auteur :* **Jésus-Christ est Dieu.** 2° édition.   **1** vol.

— **Études sur la pluralité des mondes habités et le dogme de l'Incarnation**, par le R. P. Ortolan, docteur en théologie et en droit canonique, lauréat de l'Institut catholique de Paris, membre de l'Académie de Saint-Raymond de Pennafort. 2° édition.   **3** vol.

I.   — *L'Épanouissement de la vie organique à travers les plaines de l'infini.*   **1** vol.
II. — *Soleils et terres célestes.*   **1** vol.
III. — *Les Humanités astrales et l'Incarnation.*   **1** vol.

Chaque vol. se vend séparément.

— **L'Au-delà ou la Vie future d'après la foi et la science**, par M. l'abbé J. Laxenaire, docteur en théologie et en droit canon, et de l'Académie de Saint-Thomas-d'Aquin, professeur au grand séminaire de Saint-Dié. 2° édition.   **1** vol.

— **Le Mystère de l'Eucharistie.** — **Aperçu scientifique**, par M. l'abbé Constant, docteur en théologie, lauréat de l'Institut catholique de Paris. 2° édition.   **1** vol.

— **L'Eglise catholique et les Protestants**, par G. ROMAIN, auteur de : *L'Eglise et la Liberté* et *Le Moyen Age fut-il une époque de ténèbres et de servitude ?* 2ᵉ édition.   1 vol.

— **Mahomet et son œuvre**, par I. L. GONDAL, professeur d'apologétique et d'histoire au séminaire Saint-Sulpice. 2ᵉ édition.   1 vol.

— **Christianisme et Bouddhisme** (*Etudes orientales*), par M. l'abbé THOMAS, vicaire général de Verdun. 2ᵉ édition.   2 vol.

Première partie : *Le Bouddhisme.*

Deuxième partie : *Le Bouddhisme dans ses rapports avec le christianisme. — Ascétisme oriental et ascétisme chrétien.*

— **Où en est l'hypnotisme**, son histoire, sa nature et ses dangers, par A. JEANNIARD DU DOT, auteur du *Spiritisme dévoilé*. 2ᵉ édit. 1 vol.

— *Du même auteur :* **Où en est le Spiritisme**, sa nature et ses dangers. 2ᵉ édition.   1 vol.

Viennent de paraître :

— **L'Ordre de la nature et le Miracle**, faits surnaturels et forces naturelles, chimiques, psychiques, physiques, par le R. P. DE LA BARRE, S. J., professeur à l'Institut catholique de Paris.   1 vol.

— **L'Homme et le Singe**, par M. le marquis de NADAILLAC. 2 vol.

— **Opinions du jour sur les peines d'outre-tombe.** *Feu métaphorique — Universalisme — Conditionnalisme — Mitigation*, par le P. TOURNEBIZE, S. J.   1 vol.

— **Comment se sont formés les Evangiles.** *La question synoptique — L'Evangile de Saint Jean*, par le P. TH. CALMES, professeur au grand séminaire de Rouen.   1 vol.

— **Le Talmud et la Synagogue moderne**, par A. F. SAUBIN.
                                                                      1 vol.

— **L'Occultisme ancien et moderne.** *Les mystères religieux de l'antiquité païenne — La kabbale maçonnique — Magie et magiciens fin de siècle*, par I. BERTRAND.   1 vol.

— **L'Hypnotisme transcendant en face de la philosophie chrétienne**, ouvrage dédié au Dᵉ CH. HÉLOT, par A. JEANNIARD DU DOT.   1 vol.

— **L'Impôt et les Théologiens.** *Etude philosophique, morale et économique*, par le comte de VORGES, ancien ministre plénipotentiaire, membre de l'Académie de Saint-Thomas, etc., etc.   1 vol.

— **Nécessité mathématique de l'Existence de Dieu.** *Explications — Opinions — Démonstration*, par René de CLÉRÉ.   1 vol.

— **Saint Thomas et la Question juive**, par Simon DEPLOIGE, professeur à l'Université Catholique de Louvain.   1 vol.

— **Premiers principes de Sociologie Catholique**, par l'abbé NAUDET, professeur au collège libre des sciences sociales, directeur de la *Justice Sociale*.   1 vol.

— **Le déluge de Noé et les races Prédiluviennes**, par C. de KIRWAN.   2 vol.

— **La Patrie.** — *Aperçu philosophique et historique*, par J. M. VILLEFRANCHE.   1 vol.

— *Protestants et Catholiques au* XVIᵉ *siècle.* — **La Saint-Barthélemy**, par Henri HELLO.   1 vol.

— **L'Esprit et la Chair.** *Philosophie des macérations*, par Henri LASSERRE, auteur de *Notre-Dame de Lourdes*, etc., etc.   1 vol.

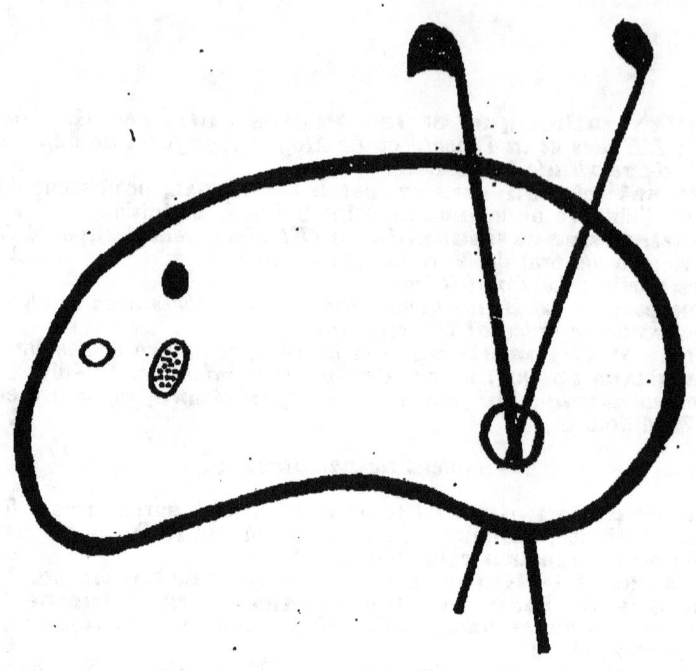

FIN D'UNE SERIE DE DOCUMENTS
EN COULEUR

SCIENCE ET RELIGION
Études pour le temps présent

NÉCESSITÉ MATHÉMATIQUE

DE

L'EXISTENCE DE DIEU

Explications, Opinions, Démonstration

PAR

René de CLÉRÉ

> L'existence de Dieu est une vérité mathématique et le dernier mot de la science moderne.
>
> HIRN.

PARIS

LIBRAIRIE BLOUD ET BARRAL

4, RUE MADAME ET RUE DE RENNES, 59

—

1899

A Monsieur Pierre COURBET

AUTEUR DE

« Nécessité scientifique de l'existence de Dieu »

Qui a bien voulu

encourager mes efforts et s'intéresser à cette étude

HOMMAGE AFFECTUEUX ET RECONNAISSANT,

René de CLÉRÉ.

AVANT-PROPOS

CARACTÈRES D'UNE DÉMONSTRATION MATHÉMATIQUE DE L'EXISTENCE DE DIEU.

Peut-on, par la voie mathématique, démontrer l'existence de Dieu ?

Non, affirment les uns. Oui, répondent les autres.

Nous sommes résolument de ces derniers. Nous avons toujours été convaincu que Dieu devait pouvoir être mathématiquement prouvé, et par des moyens très simples (1). Nous croyons que Dieu est le principe de toute vérité ; que, par conséquent, toute science est capable, à un point donné de son progrès, de Le glorifier en Le manifestant ; et nous estimons qu'il serait étrange que celles qui conduisent aux vérités les plus certaines, fussent précisément les seules impuissantes à concourir au triomphe de la vérité certaine par excellence.

Mais nous ne nous faisons pas d'illusion sur la force persuasive d'une telle démonstra-

______

(1) Au cours de ce travail, nous nous renfermerons exclusivement dans le domaine des mathématiques élémentaires, et laisserons de côté le calcul infinitésimal et ses théories.

tion. Nous déclarons même que cette démonstration peut très bien, quoique valable, ne pas être probante pour la pluralité des esprits, ce que le lecteur, étonné peut-être d'une pareille assertion, saisira facilement par les considérations suivantes.

Il existe, à la base des mathématiques, des divergences dans la conception de données fondamentales, divergences qui prêtent elles-mêmes à des confusions de termes consacrés cependant par l'usage. Bien que tout le monde soit d'accord sur la suite de déductions, d'ailleurs inattaquables, il n'y a cependant point entente unanime quant à la nature du principe sur lequel elles reposent ; en sorte que des sciences, dites *exactes*, présentent l'aspect surprenant d'un édifice solidement construit sur des fondations mouvantes. La conception de ce principe, en effet, est une question de sentiment, d'intuition, et non de raisonnement, question dans laquelle chacun, intervenant avec son moi, a des clartés qui lui sont propres.

C'est ainsi que les mathématiciens ne comprennent pas tous de la même façon l'infini mathématique, et qu'ils peuvent discuter de sa nature sans parvenir à se convaincre les uns les autres. C'est ainsi encore que, à notre sens du moins, les termes consacrés *d'infiniment petits* et *d'infiniment grands* sont impropres pour dénommer des quantités qui, n'étant pas égales à zéro ou à l'infini, mais étant seulement variables et tendant vers zéro ou l'infini, ne sont que des *indéfiniment petits* et des *indéfiniment grands*. Comme l'a remarqué l'abbé Moigno : « L'hy-« pothèse de parties qui ne sont pas nulles, « qui peuvent même être doubles, triples, « quadruples d'autres grandeurs, et qui sont « cependant moindres actuellement que toute « grandeur donnée, implique contradiction « dans les termes (1). »

On comprend dès lors ce que nous voulons dire. — Une démonstration mathématique de l'existence de Dieu nécessite naturellement l'introduction dans le raisonnement de la *notion* de l'infini. Cela est inévitable, puisque c'est l'existence d'un être infini qu'il s'agit de prouver. La démonstration en question ne sera donc comprise que des esprits qui auront de l'infini la même notion que l'auteur. Elle sera vide de sens pour tous les autres. Supposez qu'un homme, après avoir

____

(1) *Encyclopédie du XIX° siècle.*

lu le premier livre de la géométrie, puisse vous dire : « Tout cela serait parfaitement « vrai si la ligne était ce que dit l'auteur. « Mais, pour moi, la ligne n'est pas cela ; c'est « ceci… en sorte que toutes ces déductions « m'échappent. » Il n'y aurait rien à lui répondre, sinon que la géométrie, du moins celle d'Euclide — car cette dernière n'est pas la seule possible (1) — n'est pas faite pour lui.

On s'explique donc, sans peine, que la terminologie adoptée pour ces matières délicates et subtiles soit elle-même ambiguë. Les mêmes expressions n'ont pas, pour des esprits différents, la même signification ; ni, par conséquent, dans tous les cas, le même sens. On a souvent beaucoup de peine, à cause de cela, à fixer nettement pour autrui, les idées qu'on ne sait trop déjà comment se formuler à soi-même, malgré la connaissance parfaite du poids qu'on entend attribuer aux termes.

Aussi, prions-nous instamment le lecteur de vouloir bien entrer dans nos conceptions, de n'attribuer à nos expressions que la va-

______

(1) La Géométrie euclidienne, en dehors de son axiome initial, que la ligne droite est le plus court chemin d'un point à un autre, est basée sur la donnée *conventionnelle*, et nullement nécessaire, que l'étendue a trois dimensions.

leur convenue avec nous. Les mots n'ont, en effet, que le sens qu'on leur donne : ce sont les idées qu'il faut peser, comparer et apprécier. Nous respecterons, du reste, le plus possible, le langage usuel des mathématiques ; et, s'il nous arrive, par pénurie du vocabulaire, d'altérer le sens courant d'un de ses termes, nous en aurons préalablement averti le lecteur.

Une première partie du présent travail — auquel nous sommes revenus souvent dans de longues méditations — expliquera donc comment nous « comprenons les choses », afin qu'il n'y ait aucun malentendu entre le lecteur et nous.

Une deuxième exposera le fondement d'une démonstration mathématique de l'existence de Dieu, trouvé dans les œuvres du Père Gratry, et discutera les objections qu'on a élevées contre sa valeur.

Une dernière enfin — et la plus considérable — donnera, sous forme didactique, un essai de démonstration complète qui nous est personnel, et qu'à notre insu nous avions appuyé sur cette même base, lue ensuite dans la *Philosophie du Credo*. Nous examinerons en même temps les objections de principe et de détail intéressant cette démonstration.

Cette démonstration, répétons-le, ne s'adresse qu'à ceux qui « comprennent les choses » comme nous (1). Par conséquent, ces derniers n'ont que faire d'elle pour croire à Dieu. Elle ne les persuadera pas, car ils sont déjà persuadés par bien des preuves plus directes, par l'intuition même, comme nous le dirons aux dernières lignes de ce travail. Elle ne pourra et ne devra donc être pour eux que ce qu'elle est pour nous : **une preuve par surcroît**, une fantaisie curieuse, un luxe original.

Peut-être, avec ce plaisir intime qu'on goûte à rencontrer sur un sentier détourné la vérité déjà connue, se diront-ils : « Dieu est. Une seule preuve suffirait. Mais, tout le proclame, jusqu'aux mathématiques ! »

Peut-être aussi, quelqu'un de ceux qui ne « comprennent pas les choses » comme nous, sera-t-il frappé d'une réflexion, d'une coïncidence, d'une analogie, et voudra-t-il approfondir.

Dans l'un et l'autre cas, nous serions amplement payé de notre peine.

(1) « Il est assez inutile de proposer au commun des hommes « de ces démonstrations que l'on peut appeler *personnelles*. Que « toute personne donc pour qui cette démonstration est faite, s'é- « crie de tout son cœur : Je vous remercie de n'être pas comme un « de ceux-là ! Ici, la prière du Pharisien est permise et même ordon- « née... »(Malebranche, *Recherche de la Vérité*, livre II, chap. XI.)

PREMIÈRE PARTIE

EXPLICATIONS PRÉLIMINAIRES

Distinctions — Notion de l'infini — Infini limite — Objections — Etre Infini — Manifestations de l'infini — Infini mathématique.

I. DISTINCTIONS. — Tout d'abord, il ne faut pas confondre des choses essentiellement différentes : *fini* et *défini*; *infini* et *indéfini*.

Au sens absolu, rien n'est imprécis, *indéfini*, et tout est *défini* : l'imprécis, l'*indéfini* n'est que relatif.

L'*infini* est essentiellement *défini*. Quant au *fini*, en soi il est *défini*; mais, vis-à-vis d'un être *fini*, il peut être *indéfini*, c'est-à-dire que cet être fini peut ne pas en connaître l'étendue, bien qu'elle soit parfaitement déterminée.

Donc, rien n'est *indéfini*; mais le *fini* peut sembler *indéfini* à un être *fini*.

II. NOTION DE L'INFINI. — Nous concevons l'*infinie grandeur* et l'*infinie petitesse*. C'est un fait, même en mathématiques. Prenons, par exemple, la géométrie. Le postulatum initial de la géométrie plane revient à ceci, qui se sent, mais ne se démontre pas : Une surface a deux dimensions, une ligne n'en a qu'une seule, et un point n'en a aucune. Toute surface contient donc une *infinité* de lignes, et toute ligne une *infinité* de points. — Supprimez cette conception, et toute la géométrie croule par la base. Or, cette infinité de lignes ou de points, — qu'on peut considérer soit comme le résultat de la juxtaposition continue de lignes ou de points, soit comme l'ensemble des positions successives d'une ligne ou d'un point qui se meut, soit comme la série des limitations progressives d'un plan ou d'une ligne croissant en dimension, soit de toute autre façon, mais qui, de quelque manière qu'on l'envisage, compose, engendre, constitue la surface ou la ligne, ou est renfermée en elle, comme on voudra dire — cette infinité de lignes ou de points ne saurait être simplement une série *indéfinie* de lignes ou de points ; car une série de riens, si *indéfiniment* prolongée qu'elle soit, ne donnera jamais quelque chose. Autrement, une science, dont les résultats se vérifient exacts et concordants, reposerait sur une absurdité, ce qui est inadmissible. $N = 0 \times \infty$ nous apparaît donc, dès la première ligne de la géométrie, comme une vérité mystérieuse et presque déroutante pour l'esprit, mais cependant si évidente qu'elle le saisit instantanément par toutes les forces impératives de l'intuition, sans lui permettre de la contrôler par le raisonnement. Sur toutes les routes de la science, on rencontre inévitablement, à un moment donné, une solution de continuité, un abîme sans fond qu'il est interdit de sonder. Nous le pouvons franchir ; mais à la condition que notre nature imparfaite le fasse d'un bond, et ne perde pas pied dans ce vide, en essayant d'y marcher de son pas ordinaire. Les mathématiques, comme leurs sœurs — mieux que leurs sœurs, — font résolument le saut ; et c'est sans doute pour cela qu'elles donnent des résultats plus certains et plus lumineux. Le secret du passage du fini à l'infini, auquel on se heurte dans toutes les branches de connaissances, échappe à la raison humaine ; et, comme le disait fort bien un penseur, d'ailleurs étrange, — une table tournante — « l'intuition est le pont suspendu jeté du connu à l'inconnu, du fini à l'infini » (1).

III. Infini limite. — Nous concevons aussi, qu'êtres *finis*, limités dans l'espace et dans le temps, nous ne saurions, même par la pensée, atteindre, ni l'infinie grandeur, ni

____

(1) Eugène Nus : *Choses de l'autre Monde.*

l'infinie petitesse, quelques efforts que nous y mettions en produisant *l'indéfiniment grand* ou *l'indéfiniment* petit. S'il y a quelque chose de certain ici-bas, c'est l'impossibilité du nombre actuellement infini. Nous concevons enfin que, si nous pouvions augmenter ou diminuer une quantité, non plus *indéfiniment,* mais *infiniment,* c'est-à-dire si nous étions *infinis,* nous atteindrions ∞ ou 0; que ∞ ou 0, qui est pour nous la *limite* vers laquelle *tend* la progression de cette quantité, serait alors pour nous le *terme* auquel elle *prendrait fin*; que, par conséquent, *en soi, absolument,* ∞ ou 0 n'est point l'approximation vague du terme extrême de sa variation, mais strictement ce terme même.

C'est ce qui fait que la démonstration par la méthode des *limites*, si couramment admise en mathématiques, par exemple, en géométrie, pour la circonférence, le cercle, la sphère, etc., est exacte. On n'en conteste point la légitimité, ni les résultats. On n'en a, du reste, souvent point d'autre. Elle est, pour ainsi parler, d'évidence. On aurait donc, pour bien des raisons, mauvaise grâce à nous en refuser l'emploi à l'occasion.

IV. OBJECTIONS. — Il en est qui, ne discernant que l'*indéfiniment grand*, qu'à tort ils nomment l'*infini*, dont, pour nous, il n'est que l'image, contesteront le fait de la notion de l'Infini véritable et absolu. Libre à eux. Ce travail ne leur est pas adressé; autant vaudrait faire, à des aveugles-nés, une conférence sur les couleurs, soit dit sans attacher aucune pensée désobligeante à la comparaison (1).

Il en est d'autres qui prétendront, tout en l'admettant en métaphysique, que cette notion n'est pas une notion mathématique ; qu'en mathématiques, on ne saurait raisonner que sur l'infini et le néant *limites*, et non sur l'infini et le néant *absolus*. Or, ce ne sont là que des mots creux, des expressions ne répondant à rien de réel. Quelle différence fait-on, en soi, entre l'infini ou le néant *limite*, et l'infini ou le néant *absolu* ? C'est tout un. Comme il vient d'être dit, *absolu* en soi, l'infini ou le néant est *limite* pour nous, quand nous essayons de l'atteindre par l'augmentation ou la diminution progressive

(1) « Il est des vérités que l'homme ne peut saisir qu'avec « l'*esprit de son cœur*. Plus d'une fois, l'homme de bien est « ébranlé, en voyant des personnes dont il estime les lumières se refuser à des preuves qui lui paraissent claires : « c'est une pure illusion. Ces personnes manquent d'un sens, « et voilà tout... » J. de Maistre, *Soirées de Saint-Pétersbourg*. — 9e Entretien.

du fini. D'ailleurs, si on appelle zéro *limite* le zéro de cette égalité :

$$2 - 1 - \frac{1}{2} - \frac{1}{4} - \frac{1}{8} \ldots - 0 = 0$$

on ne niera pas que dans $2 - 2 = 0$, 0 ne soit le zéro *absolu*. Quelle est donc la différence entre ces deux zéros, et qu'est-ce qui peut empêcher d'écrire :

$$2 - 2 = 2 - 1 - \frac{1}{2} - \frac{1}{4} - \frac{1}{8} \ldots - 0 = 0 ?$$

A-t-on l'idée de distinguer le 4 absolu du 4 limite ; et hésite-t-on à écrire :

$$2 + 2 = 2 + 1 + \frac{1}{2} + \frac{1}{4} + \frac{1}{8} \ldots + 0 = 4 ?$$

La sphère, le cylindre, le cône, le cercle ne sont-ils pas à la fois des *absolus* et des *limites* : des absolus, en tant qu'ils ne sont point imaginaires et ont une existence réelle ; des limites, en tant que nous ne pouvons pas, bien que nous en rapprochant toujours davantage, les faire dériver, par une extension progressive, du polyèdre ou du polygone régulier inscrit, puisqu'il nous est impossible de réaliser actuellement le nombre infini.

V. ÊTRE INFINI. — Les axiomes : *Rien ne se fait de rien ; rien ne se résout en rien* ne sont vrais qu'autant que l'on a en vue, comme auteurs, des êtres finis. Si on a en vue des auteurs infinis, il faut dire : *Rien n'est fait par rien, rien ne se résout par rien,* ce qui est bien différent. Car un être infini a nécessairement la puissance de l'infinie production comme celle de l'infinie destruction, c'est-à-dire la puissance de création, et celle d'annihilation. Il n'y a, dans cette toute-puissance, rien de contraire à la raison. Qui dit être infini dit nécessairement créateur potentiel. Et de fait, notre esprit conçoit sans répugnance la possibilité d'une création. Ce qui est seulement contraire à la raison, c'est la conception d'une création par un être *fini,* fût-il *indéfiniment* grand.

VI. MANIFESTATIONS DE L'INFINI. — L'infini nous échappe, car nous sommes finis. Nous avons vue directe sur lui par notre intelligence, mais sans pouvoir l'atteindre ni aller à lui. C'est comme quelque chose que nous entreverrions toujours, vers quoi nous marcherions toujours, et qui, laissant les distances toujours égales, reculerait toujours. — Et cependant, l'Infini est tellement partout, autour de nous, que, parfois, nous le touchons presque. Nous voyons les formes et les ombres des choses, lignes sans largeur, plans sans épaisseur, sortes de monades composantes des corps et qui sont des êtres mesurables tout en n'étant rien; sortes d'*idées* perceptibles à nos sens, et images saisissantes et fort approchées de quelque chose *fait de rien par une force.* — Et cependant, l'Infini est si bien le fondement de tout ce qui est, qu'inconsciemment nous le posons comme axiome, à la base de nos sciences les plus certaines, et que nous nommons *exactes.* Sans parler des calculs différentiel et intégral, encore une fois, que devient, par exemple, la géométrie, si l'on n'admet pas tout d'abord, comme vérité indémontrable, que la ligne est engendrée par le mouvement d'un point sans dimension, ou, ce qui revient au même, est composée d'une *infinité* de points inétendus. — Et cependant encore, l'infini existe si bien et est une chose si précise que, dès qu'il comporte, par un certain côté, des résultats finis, ces résultats rentrent intégralement dans notre sphère de compréhension. Ainsi, n'est-il pas remarquable que nous puissions calculer *exactement* la somme des termes d'une progression géométrique ayant 0 pour limite? Soit la progression décroissante ayant $\frac{1}{5}$ pour raison

$$25, 5, 1, \frac{1}{5}, \frac{1}{25}, \frac{1}{125} \ldots 0$$

Nous pourrions passer des millions d'années à écrire cette série décroissante, sans parvenir à son dernier terme 0. Même par la pensée, qui nous affranchit de l'espace et du temps, ceia nous est impossible. Mais la somme de ces termes en nombre infini et, pour la plupart, à jamais ignorés de nous, étant une valeur finie, nous la pouvons connaître. $S = \frac{lq - a}{q - 1}$, nous le savons. Et voici qu'armés de ce théorème, nous découvrons sans effort que cette somme est égale à 31, 25, rien de plus, rien de moins. — Bien plus, enfin, si nous tentons d'écrire l'hypothèse de la non-existence de l'Infini, c'est une absurdité mathématique que nous écrivons, comme nous le ferons voir (Théorème VII).

VII. Infini mathématique. — Mais qu'est-ce donc que l'Infini mathématique dont vous avez, dites-vous, la notion, et qui n'est pas l'Indéfini ? Comment le définissez-vous ?

Remarquons d'abord que si l'infini se révèle à l'homme dans une envolée de la pensée, il ne se laisse pas définir strictement. Il y a, à cela, une raison bien simple. Par cela même qu'on définit, on limite. Or, l'infini est sans bornes. L'infini *se sent* ; mais dès que l'esprit tente de s'en emparer, de l'analyser, d'en scruter la mystérieuse nature, son impuissance éclate, et, comme un mortel, qui, dans ses bras de matière, étreindrait une ombre céleste, il perd sa peine.

On comprendra toutefois notre pensée, si nous disons que :

Une quantité infiniment grande ou *infinie*, (∞) est celle que nous concevons ne pouvoir, en soi, être augmentée. Une quantité infiniment petite, ou *nulle* (0), est celle que nous concevons ne pouvoir, en soi, être diminuée (1).

Nous reconnaissons que le mot *quantité*, juxtaposé à celui d'*infini*, est impropre, puisqu'une quantité est précisément, d'après l'étymologie et l'arithmétique, tout ce qui est susceptible d'augmentation ou de diminution. Notre définition est donc bien défectueuse, puisqu'elle reviendrait à dire : L'infini est une quantité qui n'en est pas une. Nous n'en avons pourtant pas trouvé de plus juste. Il faut bien se contenter des termes humains. C'est ce que fait le langage courant des mathématiques, qui a consacré « quantité infinie » et « quantité nulle ».

_____

(1) Nous nous éloignons ici du langage usuel des mathématiques dans lequel, comme nous en avons déjà fait la remarque, une *quantité infiniment petite* (en réalité indéfiniment petite) diffère d'une *quantité nulle*.

DEUXIÈME PARTIE

FONDEMENT DE LA DÉMONSTRATION PRÉSENTÉE

**Exposé — Objections — Discussion
et réfutation.**

I. Exposé. — Nous avions déjà rédigé la démonstration qui forme la troisième partie du présent travail, quand nous eûmes le plaisir de rencontrer, dans les œuvres du Père Gratry, l'idée-mère sur laquelle elle repose.

Aux premières pages de la *Philosophie du Credo*, en note, le philosophe mathématicien, occupé à réfuter un raisonnement panthéiste de Lamennais, a, en effet, écrit ces quelques lignes :

« Comment les panthéistes, ceux du moins
« qui nous font, comme Lamennais, les
« objections d'algèbre que je viens de citer,
« comment ne prennent-ils pas la peine d'ap-
« prendre que les mathématiques, sans
« doute, affirment à leur manière que rien ne
« vient de rien et que, par exemple, *zéro*,
« multiplié par une quantité si énorme qu'elle
« soit, ne donne jamais pour produit autre
« chose que *zéro* ? Donc, au point de vue ma-

« thématique, comme sous tous les points de
« vue, rien ne vient de rien.

« Mais il y a une exception nécessaire à
« cette règle : c'est le cas unique où *zéro* se
« trouve multiplié par l'*infini*. Alors le pro-
« duit, au lieu d'être nul, est une *quantité*
« *finie*, aussi petite ou aussi grande que l'on
« voudra. Le produit de *zéro* par l'*infini* re-
« présente toutes les grandeurs possibles ou
« l'échelle indéfinie des grandeurs..... De
« même, le christianisme..... enseigne ceci...
« Dieu, l'Etre Infini, peut tout créer de rien.

« Ainsi, l'algèbre a des théorèmes qui ré-
« pondent, par analogie, à notre dogme théo-
« logique de la création. En d'autres termes,
« la forme mathématique de notre dogme
« théologique est vraie. Ne dites pas qu'on ne
« peut démontrer la religion par la géomé-
« trie. Je le sais parfaitement. Mais l'on peut
« repousser, par la géométrie, les objections
« tirées de la géométrie. »

On le voit, le Père Gratry, pour un ancien
polytechnicien, ne se laisse aller que bien ti-
midement à cet aperçu de philosophie mathématique : il ne présente certains théorèmes d'algèbre que comme répondant, *par*
analogie, au dogme théologique de la création. Il déclare même qu'il sait parfaitement

qu'on ne peut prouver la religion mathématiquement.

Quelque temps après avoir lu cette page, dans la *Philosophie du Credo*, nous la retrouvâmes reproduite, sous une autre forme, dans un article émanant d'un officier supérieur d'artillerie et publié dans le journal *Le Monde* (1), sous le titre : *Un problème de métaphysique.*

« Dans ce monde, où tout est limité, y
« compris les forces de l'homme, rien ne se
« fait de rien : *de nihilo nihil.* Mais on ne
« peut tirer de là une objection valable contre
« la création du monde lui-même par Dieu,
« dont les attributs sont sans limites. C'est
« ce que rend sensible une simple opération
« d'arithmétique.

« Dans une division, si l'on fait varier le
« diviseur, le quotient varie aussi et sera
« d'autant plus grand que le diviseur sera
« plus petit ; si le diviseur se réduit à l'unité,
« le quotient devient égal au dividende. Si
« le diviseur devient moindre que l'unité, le
« quotient devient plus grand que le divi-
« dende et s'approchera de l'infini, à mesure
« que le diviseur s'approchera de zéro. En-

(1) Du 15 juin 1891.

« fin, si le diviseur devenait zéro, le quotient
« dépasserait toute limite finie, c'est-à-dire
« deviendrait infini. C'est ce que les ma-
« thématiciens expriment par la formule :
« $\frac{A}{0} = \infty$, ou $A = 0 \times \infty$.

« Si A représente le monde, on voit qu'il
« peut être considéré comme le produit de
« zéro par l'infini, et que, par conséquent,
« Dieu, qui est infini, a pu tirer le monde du
« néant... »

II. Objections. — Il n'y avait point là, à
vrai dire, une démonstration véritable, mais
seulement, comme dans la *Philosophie du
Credo*, l'énoncé, l'indice de la base possible
d'une démonstration.

Une voix bien autorisée — celle de
Mgr d'Hulst — s'éleva toutefois le lende-
main, dans le même journal, pour protester
contre l'ingérence de l'algèbre dans une
question de métaphysique, et dénier toute
valeur probante à une démonstration de la
création par cette voie. L'éminent prélat re-
connaissait, d'ailleurs, que le raisonnement
du Père Gratry lui avait autrefois paru sé-
duisant et presque convaincant ; mais la
réflexion, depuis longtemps, l'avait amené à
n'y voir qu'un brillant jeu d'esprit, basé sur
une double équivoque.

« Entre la proposition : Dieu produit le
« monde de rien, et la formule $A = 0 \times \infty$,
« j'aperçois, disait-il, deux différences irré-
« ductibles. D'abord, Dieu et l'infini algé-
« brique, le rien et le zéro mathématique ne
« sont pas synonymes : ensuite, le mot *produit*
« n'a pas le même sens dans les deux cas.

« 1° La formule $A = 0 \times \infty$ n'est que la
« transformation de cette autre formule :
« $\frac{A}{0} = \infty$. Or, dans cette dernière, 0 ne signi-
« fie pas un vrai néant, et ∞ ne signifie pas
« un vrai infini. 0 est la limite idéale vers
« laquelle tend une fraction diviseur qui dé-
« croît continuellement. Or, comme à me-
« sure que le diviseur décroît, le quotient
« augmente, on conçoit que si la décroissance
« va à l'infini, l'accroissement correspondant
« sera également sans bornes. C'est là une
« conception liée à l'idée des variations, in-
« définiment possibles, de la quantité, et qui
« n'a aucun rapport avec l'idée d'une sub-
« stance concrète et déterminée. $\frac{A}{0} = \infty$ si-
« gnifie que le zéro est contenu dans une
« quantité quelconque une infinité de fois.
« Cela a un sens en algèbre; en ontologie,
« dire que le rien est contenu dans un être une
« infinité de fois, c'est prononcer des mots
« vides de signification.

« De même, l'infini mathématique repré-
« senté par $\frac{A}{0}$ est la limite vers laquelle tend
« un dividende qui grandit continuellement ;
« c'est une quantité plus grande que toute
« quantité donnée, ce n'est pas un infini véri-
« table et absolu, car un tel infini ne peut
« pas être une quantité.

« 2° Le signe $\times$ (multiplié par) exprime
« une opération arithmétique, qui consiste à
« ajouter un certain nombre de fois une
« quantité à elle-même, nullement à *créer un*
« *être.* Un néant véritable, reproduit un
« nombre infini de fois, restera toujours un
« néant, parce que rien ajouté à rien, même
« pendant l'éternité, reste toujours rien.

« Assimiler le *produit arithmétique* et la
« *production de substance,* c'est jouer sur le
« mot *produit,* qui a deux sens différents :
« l'un mathématique, l'autre métaphysi-
« que..... »

III. Discussion et Réfutation. — C'est
peut-être bien osé de notre part, de vouloir
défendre le Père Gratry contre Mgr d'Hulst.

Certes, le brillant professeur de Sorbonne
est très coupable d'avoir parlé sans plus de
développements, et nous ne nous étonnons
pas que sa démonstration embryonnaire, et
dont les points principaux ne sont même

pas indiqués, ait provoqué les objections de Mgr d'Hulst : « A $= 0 \times \infty$. Si A représente « le monde, on voit qu'il peut être considéré « comme le produit de zéro par l'infini, et « que, par conséquent, Dieu, qui est Infini, a pu tirer le monde du néant. » Il n'y a pas là un raisonnement. Il y a le premier et le dernier anneau d'une chaîne à laquelle manquent tous les anneaux intermédiaires. Et on est en droit, et il est naturel de dire : Mais, Dieu et l'infini algébrique, le *produit* au sens mathématique et le *produit* au sens métaphysique ne sont pas du tout synonymes. Il y a, entre les deux premiers, tout ce qui sépare un être concret d'une notion abstraite. Il y a, entre les deux autres, tout ce qui sépare la passivité des éléments substantiels d'un être, de l'activité qui s'exerce sur ces éléments, pour le produire ; tout ce qui sépare la passivité du bois, dont une table est formée, de l'activité de l'ouvrier qui l'a faite. Donc vous ne démontrez rien.

Nous voudrions toutefois expliquer comment, à notre point de vue, la deuxième objection ci-dessus rapportée, ne subsiste pas si on va bien au fond des choses, et que, dans les lignes précitées du Père Gratry, il y a mieux qu'un jeu d'esprit. — Notre propre démonstration se trouvera, du même coup, lavée par avance de ce reproche.

Quant à la première objection, si légitimement formulée par Mgr d'Hulst en face d'une démonstration incomplète, on verra, plus loin, qu'elle ne saurait s'appliquer à nos théorèmes, qui, loin de confondre et d'assimiler l'infini mathématique et l'Etre Infini, s'élèvent au contraire de l'un à l'autre par une suite de déductions rigoureuses.

Nous parlions d'une table de bois faite par un ouvrier. — La matière de la table se compose, par exemple, de 20 kilogrammes de bois : la table est le *produit, au sens mathé-matique,* de 1 kilogramme de bois $\times$ 20. Mais l'ouvrier, lui, n'a-t-il rien fait naître ? Si ; car, avant son travail, il n'y avait que 20 kilogrammes de bois ; et, après, il y a une table, dont le bois n'est que la matière. L'ouvrier a *créé* la forme de la table ; et cette dernière est aussi, *au sens métaphysique,* le *produit* de l'ouvrier. Entre ces deux *produits* — c'est vrai — rien de commun que le mot : le premier indique le résultat de l'assemblage, de l'addition de choses qui sont déjà ; le second, la génération de quelque chose qui n'existait pas. Or, cela n'est qu'une image.

Voici maintenant la réalité. Si nous arrivons à trouver que la propre matière du bois a un élément substantiel nul, que 1 kilogramme de bois $= 0 \times \infty$, nous avons le droit d'écrire que la table est le *produit*, au sens mathématique, de $20 \times (0 \times \infty)$ ou $0 \times \infty$, ce que nous énonçons : *une infinité de fois 0 bois*. Mais pourquoi disons-nous : *une infinité de fois 0 bois*, sinon parce que nous avons dit successivement, en décomposant le kilogramme de bois :

$$1 \text{ kil. de bois} = \frac{1}{2} \text{ kil. de bois} \times 2,$$

$$= \frac{1}{4} \quad - \quad - \quad \times 4,$$

$$= \frac{1}{1000} \quad - \quad - \quad \times 1000,$$

$$\text{Et enfin,} = \frac{1}{\infty} \quad - \quad - \quad \times \infty,$$

$$= 0 \quad - \quad - \quad \times \infty.$$

Or, en soi, et bien que couramment employée et comprise par une sorte de convention tacite, cette traduction de la formule est absolument défectueuse.

En effet, nous n'hésitons pas à le reconnaître, — mais à le reconnaître aussi bien en mathématiques qu'en métaphysique — si 0, le néant, pouvait être considéré comme une sorte de nombre concret ou abstrait susceptible de reproduction, 0 reproduit un nombre infini de fois resterait toujours 0, parce que rien ajouté à rien, même pendant l'éternité, resterait toujours rien, en vertu de ce principe, que le produit arithmétique est toujours de même nature que le multiplicande, qu'en additionnant, même à l'infini, on ne change pas la nature qualitative de la chose. Mais l'hypothèse est complètement et doublement vide de sens. D'une part, additionner des riens est impossible et sans signification. D'autre part, le néant, 0, défie toute concrétion comme toute abstraction. *Rien*, c'est toujours *rien*; et on ne peut en dire ni en concevoir autre chose, sinon que toute son essence et toutes ses qualités sont de n'être *rien*. Comment donc y aurait-il divers genres de *riens*? Et comment diversifierait-on 0 en le concrétant, puisque 0 bois et 0 fer, tous deux, ne sont rien? On peut, à la vérité, et par comparaison, abstraire d'un sujet une qualité négative (1). Mais de quel sujet, dont la condition est d'être, pourrait-on abstraire cette qualité unique et totale de

(1) Il y a une grande différence entre la négation d'une qualité et le néant, ou négation de l'être même. L'idée du *non-rouge* n'a rien de commun avec l'idée du rien, puisque le non-rouge embrasse comme réel tout ce qui a une autre couleur que le rouge. Le non-rouge n'égale pas 0, mais bien tout ce qui a une autre couleur que le rouge.

n'être pas ? Où est l'être qui recèle en lui la négation de l'être ? 0 ne peut être ni concret ni abstrait ; il est simplement 0. C'est ce qui fait que la proposition $N = 0 \times \infty$ est *vraie*. Sans cela, elle serait une pure absurdité ; car il serait aussi dénué de signification d'affirmer, en algèbre, que le zéro est contenu une infinité de fois dans une quantité quelconque, que de dire, en ontologie, que le rien est contenu dans un être une infinité de fois : l'abstraction mathématique suivrait le sort de la concrétion ontologique.

On ne devrait donc pas dire : la table égale une *infinité de fois 0 bois*, expression qui, si elle avait un sens, ne pourrait que donner 0. On devrait dire, tout produit concret, ayant nécessairement un facteur concret (voir Théorème IV ci-après) : la table égale *0 multiplié par l'infini bois* (voir Théorème II bis), expression mathématique *sui generis*, dans laquelle un produit concret a pour facteurs un multiplicande nul et un multiplicateur concret.

Or, puisque ici l'élément substantiel, ou multiplicande, est nul, et donne néanmoins un produit non nul, il faut bien que ce produit non nul soit engendré directement par le multiplicateur ; car rien ne peut pas engendrer quelque chose. N'avons-nous pas le droit, dès lors, de dire que la matière de la table est engendrée de rien par le multiplicateur ; et ne voit-on pas que cette matière est le *produit* de ce multiplicateur concret, tant au sens métaphysique qu'au sens mathématique ; ou plutôt, qu'ici, comme toutes les fois qu'il s'agit de 0 et de ∞, le *produit, au sens mathématique*, devient identique au *produit, au sens métaphysique*, la *production arithmétique* consiste dans la *production de substance*. Pour nous, nous ne voyons pas la moindre nuance entre ces deux phrases : « Ajoutant rien à rien (façon mathématique de dire : de rien), j'obtiens une table », et « je produis la substance de cette table, je crée cette table ». Il n'y a là ni jeu de mots ni équivoque. Ce qu'il y a, et de très remarquable, c'est la précision avec laquelle tous les termes mathématiques s'appliquent à la métaphysique, nous dirions volontiers, se superposent à ceux de la métaphysique. Les mathématiques ne disent pas $T = 0$, ni $T = \infty$, mais $T = 0 \times \infty$, c'est-à-dire quelque chose qui tient le milieu entre le néant et l'infini, et vient directement de ce dernier n'agissant sur rien, donc créant. C'est exactement ce que dit la métaphysique. Enfin, il est digne de remarque, que les choses concrètes, si diverses soient-elles, sont de la même production mathématique quand elles ont, en quantités égales, les mêmes éléments substantiels ; et que, de même qu'une table, une armoire, quatre chaises, peuvent être les mêmes produits mathématiques de 1 kilogramme de bois $\times$ 20, ainsi tout ce qui est a, en dernière analyse, cette commune origine : $0 \times \infty$ concret.

Pareillement, $N = 0 \times \infty$ devrait s'énoncer : un nombre abstrait égale *zéro multiplié par l'Infini abstrait*, et non pas : *une infinité de fois zéro*. Car 0 ne peut être générateur ; et, de même que l'infini concret est le générateur de toute quantité concrète, de même, c'est l'infini abstrait qui est le générateur de toute quantité abstraite. Une vérité abstraite n'est, en effet, que la formule générale de vérités concrètes semblables entre elles.

Si donc, le lecteur, dans ce qui va suivre, croit trouver parfois trace d'équivoque, nous espérons qu'il voudra bien observer, avec les explications qui précèdent, que cette équivoque est toute apparente, et dans les mots, de l'assonance desquels nous ne sommes pas responsables, et nullement dans le raisonnement.

TROISIÈME PARTIE

DÉMONSTRATION MATHÉMATIQUE

**Examen de deux objections de principe —
Propositions préliminaires —
Théorèmes.**

I. EXAMEN DE DEUX OBJECTIONS DE PRINCIPE. Cet essai ne prétend pas démontrer l'existence de Dieu à l'aide des procédés et artifices de calcul des mathématiques transcendantes. Bien au contraire, il n'a fait usage que de ce qu'il y a de plus élémentaire dans les sciences exactes. Mais il n'a pas voulu constater seulement des *analogies*. Il a visé à donner une *démonstration* rigoureuse, par une suite de théorèmes déduits les uns des autres.

On ne saurait avancer que, par suite de l'introduction, dès le début, de la notion de l'*infini* dans notre raisonnement, ce raisonnement n'est qu'une pétition de principe. — La raison conçoit, comme possible, l'infini, tant concret qu'abstrait; l'hypothèse d'un Dieu Infini n'a rien d'absurde en soi : c'est un fait, nous le répétons. Il est, d'ailleurs, impossible de concevoir un être *irréductible* sans que cet être existe. On peut concevoir seulement, entre des êtres irréductibles, des rapports, assemblages, combinaisons imaginaires. Si, par exemple, j'ai la pensée d'un animal fantastique, le corps de cette bête imaginaire est composé, dans mon esprit, de pattes, de griffes, de cornes, de têtes, d'éléments de toutes sortes, dont la réunion est étrange et fictive, sans doute, mais qui, pris un à un, existent réellement dans telle ou telle espèce (1). Puisque donc on conçoit, comme possible, l'infini, tant concret qu'abstrait, il suffirait de prouver l'irréductibilité de cet infini possible pour prouver, par là même, sa réalité. Or, bien loin, au début de notre démonstration, d'introduire l'existence *a priori* de l'infini concret, nous n'introduisons même pas sa possibilité, ce qui serait notre droit, nous contentant de la seule notion de l'infini abstrait. Nous n'outrepassons donc pas nos droits en logique. Nous restons même en deçà ; et de beaucoup, puisque nous démontrons distinctement l'ir-

(1) J. de Maistre a fait la même réflexion : « On ne saurait « avoir l'idée de ce qui n'existe pas. En effet, l'homme peut-il se « représenter à lui-même, et la peinture peut-elle représenter à « ses yeux autre chose que ce qui existe ? L'inépuisable imagi- « nation de Raphaël a pu couvrir sa fameuse galerie d'assem- « blages fantastiques. Mais chaque pièce existe dans la nature. Il « en est de même du monde moral : l'homme ne peut concevoir « que ce qui est : ainsi l'athée, pour nier Dieu, le suppose..... » (*Soirées de Saint-Pétersbourg.* — 8ᵉ Entretien).

réductibilité de l'Etre Infini et sa réalité.

Une autre objection nous a été faite, qui est la suivante : l'infini mathématique n'est ni une quantité ni une grandeur ; on ne peut donc lui appliquer les opérations et les raisonnements qui sont applicables aux nombres ou aux grandeurs.

Nous croyons cependant que cette application est légitime.

L'infini, c'est vrai, n'est ni une quantité ni une grandeur, du moins ni une quantité ni une grandeur *finie*, fût-elle *indéfinie*. Mais pourquoi, *a priori*, cette application ne serait-elle pas valable, si surtout les résultats qu'elle donne sont exacts et concordants ? Ces résultats, évidemment, différeront des résultats ordinaires, puisqu'ils ne seront pas obtenus en raisonnant sur une quantité ou grandeur ordinaire. Mais ne serait-ce pas là, précisément, la preuve que l'infini diffère essentiellement, par sa nature et ses propriétés, des autres quantités ou grandeurs ?

Est-ce que, du reste, 0, par sa nature, ne diffère pas autant que ∞ d'un nombre ou d'une grandeur ? Et, bien que l'idée du 0 soit incompatible avec celle de nombre ou de grandeur, ne le traite-t-on pas, dans les raisonnements et opérations des mathéma-

tiques, comme s'il était l'un ou l'autre ? L'infini lui-même n'est-il pas fréquemment traité
de la sorte ? Par exemple, pour ne pas sortir
des élémentaires, ne lui applique-t-on pas,
dans la théorie des progressions, les opérations applicables aux nombres, ainsi que
nous l'avons déjà remarqué (page 18). — En
géométrie, la ligne courbe, le cercle, diffèrent
aussi, par leur nature, de la ligne droite, du
polygone. Ne conclut-on pas, cependant, que
toute propriété du polygone régulier, de la
pyramide régulière, du prisme droit....., in-
dépendante du nombre et de la grandeur des
côtés et des faces, s'étend au cercle, au
cône circulaire droit, au cylindre circulaire
droit...? — Le périmètre du polygone régulier
inscrit, ne peut pas plus atteindre la circonférence qu'un nombre l'infini. On établit pourtant que le rapport de la circonférence au dia-
mètre est constant et que l'aire du cercle
égale πR^2, en supposant que c'est possible
— à l'infini — et, comme nous l'avons dit, en
sautant par-dessus cette différence *de nature*
que nous ne pouvons pénétrer. — Ne rencon-
tre-t-on pas des démonstrations de ce genre ?
Telle grandeur est constante quelles que
soient les variations de telle autre ; donc,
lorsque cette dernière atteint telle limite, la

première reste néanmoins constante. Par suite.....

Encore une fois, met-on en doute l'exactitude des solutions ainsi obtenues, et conteste-t-on la validité du procédé ?

Enfin, nous croyons devoir rappeler au lecteur — et nous insistons sur ce point — que si, pour la commodité du langage, nous disons souvent dans ce qui suit : *contient une infinité de fois 0, est le produit* ou *est formé d'une infinité de fois 0*, il ne doit pas nous chercher querelle au sujet de ces expressions dont nous avons, plus haut, signalé et expliqué la défectuosité.

II. PROPOSITIONS PRÉLIMINAIRES

PROPOSITION I. — *Le principe qu'on peut intervertir l'ordre des facteurs sans changer le produit n'est pas applicable quand les facteurs sont zéro et l'infini.*

Nous disons que $0 \times \infty$ diffère de $\infty \times 0$. — Il est inutile de donner de cette proposition une démonstration rigoureuse, qui serait assez compliquée, et nous espérons qu'on l'admettra sans difficulté après l'explication suivante.

En raison, 0 fois ∞ égale nécessairement

0. Écrire $\infty \times 0 = ?$ c'est écrire : Supposé qu'il n'y ait pas d'infini, combien y a-t-il d'infinis ? Et la réponse est évidente. D'autre part, comme il va ressortir du Théorème I — *lequel ne s'appuie pas sur la présente proposition* (1) — une infinité de fois 0 ou, pour parler plus exactement, 0 multiplié par l'infini, $0 \times \infty$, n'est pas égal à 0. Donc $0 \times \infty$ diffère de $\infty \times 0$.

Conséquence. — Nous distinguerons donc toujours soigneusement une infinité de fois 0 $(0 \times \infty)$, de 0 fois l'infini $(\infty \times 0)$.

PROPOSITION II. — *Les expressions : Combien de fois* x *contient-il* y *? Quel est le · rapport de* x *à* y *?* $(\frac{x}{y})$ *et : Si on divise* x *en* y *parties* $(x : y)$, *que vaut chaque partie ? ne sont pas synonymes :* 1° *quand* x *est indivisible* (2); 2° *quand* y *égale* 0.

1° En effet, dans ce cas, l'hypothèse $x : y$ est

---

(1) Il est essentiel de le remarquer pour qu'on ne nous renouvelle pas un reproche, qu'à tort on nous a déjà formulé, à savoir : Que les Préliminaires I et II et les Théorèmes I et II constituent un cercle non démonstratif. Les Préliminaires s'appuient bien sur le Théorème I, mais ce dernier ne s'appuie en aucune façon sur les Préliminaires : Il n'y a. donc pas cercle vicieux. — Les Préliminaires I et II eussent pu être placés, sans qu'ils fussent compromis, après les Théorèmes I et II ; mais ils auraient interrompu, alors, la chaîne logique des Théorèmes, et c'est pourquoi nous avons cru devoir leur donner une place à part, en dehors de la démonstration proprement dite.

(2) Par le qualificatif *indivisible*, nous entendons l'impossibilité d'un partage en un nombre quelconque de parties quelconques. On verra, par la suite, que nous n'avons ainsi en vue que 0 et ∞, seuls indivisibles en mathématiques.

impossible, aussi impossible que l'hypothèse $2 \times 2 = 5$. Chercher ce que vaut la partie de x indivisible divisé en y parties, ne peut donner qu'un résultat absurde.

D'autre part, l'esprit conçoit que x, tout en restant indivisible, puisse contenir un nombre de fois y, à peu près comme le nombre 13, par exemple, contient 2 fois 6. En tous cas, quand x égale y, x contient évidemment une fois y, comme 13 contient 13. Donc, quand x est indivisible, $y : x$ et $\frac{x}{y}$ ne sont pas des expressions équivalentes. La première, en effet, dans tous les cas, conduit à un résultat nécessairement absurde; la seconde, au contraire, conduit à un résultat nécessairement raisonnable, tout au moins dans un cas.

Conséquence. — Nous ferons soigneusement la distinction ci-dessus toutes les fois que nous rencontrerons des expressions dans lesquelles 0 ou ∞ figureront comme dividendes. — En effet, 0 n'étant rien, est certainement indivisible. D'autre part, ne sachant pas, *a priori*, si ∞ est, ou non, indivisible, nous sommes obligés, dans le doute, pour écarter tout risque d'erreur, de lui appliquer la distinction en question. Cela ne saurait, du reste, vicier en rien nos raisonnements, au cas où nous trouverions que ∞ est divisible.

2° $x : 0$ est différent de $\frac{x}{0}$. — En effet, $x : 0$ est une hypothèse absurde : partager quelque chose en 0 parties n'a aucun sens. Au contraire, comme nous allons le voir *sans nous appuyer sur la présente proposition*, il est raisonnable de se demander combien de fois x peut contenir 0, quel est le rapport de x à 0 ($\frac{x}{0}$).

Nous ferons donc toujours soigneusement aussi cette distinction.

III. Théorèmes

Théorème I. — *L'unité abstraite a pour racines irréductibles zéro et l'infini.*

Il est de toute évidence que si on divise l'unité par un nombre de plus en plus grand, on obtient un quotient de plus en plus petit, et que plus le diviseur augmentera et tendra vers ∞, plus le quotient diminuera et tendra vers 0.

Dividende :	1
Diviseurs : 1 ; 2 ; 3 ; 4 ; 5 ;... 1,000 ; 10,000... ∞
Quotients : 1 ; 0,50 ; 0,33 ; 0,25 ; 0,20 ;... 0.001 ; 0,0001... 0.

Tout diviseur, même *indéfiniment* grand, ne donnera qu'un quotient *indéfiniment* petit encore réductible. Or, si l'on pouvait épuiser la série des diviseurs, la série correspondante des quotients se trouverait forcément épuisée aussi. D'où la nécessité, pour obtenir le plus petit quotient imaginable ou l'*infiniment* petit, 0, d'employer le plus grand diviseur imaginable ou l'*infiniment* grand, ∞ ; et cette conception, strictement exacte, que si on divise l'unité par le diviseur limite, ∞, on obtient le quotient limite 0. Ainsi, en dernière analyse, l'unité se compose d'une infinité de fractions égales à zéro, ou, mieux, est le produit de zéro multiplié par l'infini.

COROLLAIRE. — *Tout nombre abstrait N, c'est-à-dire toute quantité finie abstraite, a pour racines irréductibles zéro et l'infini.*

En effet, ce que nous venons de dire pour l'unité, **1**, est entièrement applicable à un nombre quelconque, considéré comme étant unité. Lorsqu'on aura épuisé la série des diviseurs, la série correspondante des quotients sera aussi épuisée, et, en dernière analyse, ce nombre se composera d'une infinité de frations égales à 0.

$\frac{N}{\infty} = 0$ (1) est donc une vérité mathématique qui n'est pas contestable, non plus que les suivantes, qui en découlent :

$$N = 0 \times \infty \ (2) \ ; \ \frac{N}{0} = \infty \ (3), \ (1).$$

(1) Il convient d'observer que, vu la proposition I, on ne peut pas de $\frac{N}{0} = \infty$ tirer $N = \infty \times 0$, puisque $\frac{N}{0} = \infty$ est tiré de $N = 0 \times \infty$ différent de $N = \infty \times 0$, qui serait nécessairement nul.

Ces trois égalités expriment, du reste, des vérités identiques : N se décompose en une infinité de parties égales à 0 (1),

N égale une infinité de fois 0 (2),

N contient 0 une infinité de fois, (3)...

Formes diverses de cet énoncé plus exact : N est le produit de zéro multiplié par l'infini.

Nota. — Notre Théorème revient à la base donnée par Leibnitz au calcul intégral : toute grandeur peut être conçue divisée en un nombre plus grand que tout nombre donné de parties plus petites que toute grandeur assignée, ce que l'on énonce encore sous cette forme : toute grandeur peut être considérée comme la limite d'une quantité indéfiniment croissante de quantités indéfiniment décroissantes. Il est *essentiel* de bien remarquer que ce Théorème est l'assise de tout le raisonnement qui va suivre ; que les formules qui le résument, pas plus que celles qui seront ultérieurement établies, n'ont absolument aucun rapport, malgré une fréquente similitude de forme, avec les notations algébriques telles que $\frac{0}{0}$, $\frac{N}{0}$, $\frac{0}{8}$ ∞, $\frac{0}{8}$ etc. Ces dernières ne sont que des symboles de l'indétermination, de l'impossibilité... d'une équation, des sortes de signes conventionnels destinés à remplacer des périphrases, et n'ont rien de commun avec nos égalités : *nous ne partons point d'une notation algébrique.* Nous tenons à ce que le lecteur le constate bien. C'est, en effet, un reproche qu'on nous avait adressé, de plusieurs côtés, à première vue, et qu'on a retiré, d'ailleurs, après réflexion.

THÉORÈME II. — *Toute unité finie concrète a pour racines irréductibles zéro et l'infini, autrement dit, toute unité finie concrète et, par suite, toute chose, quelle qu'elle puisse être* (1), *est formée d'une infinité de fois le néant.*

Ce qui est vrai avec des nombres abstraits est vrai avec des nombres concrets. Soit donc une pomme, P. Nous avons :

$$(1)\ \frac{P}{\infty} = 0, \text{ et } (2)\ P = 0 \times \infty.$$

Et en effet, pour trouver les éléments irréductibles de P, nous ne pouvons faire autre chose que de diviser P *indéfiniment,* jusqu'à ce que nous trouvions une parcelle indivisible. Mais cette parcelle de pomme, atome irréductible, ne serait obtenue, d'après le Théorème précédent, qu'en sectionnant cette pomme un nombre *infini* de fois, auquel cas elle se trouverait divisée en une *infinité* de

(1) Sous la condition ici, bien entendu, d'être matérielle et, par suite, mathématiquement mesurable et partageable.

parties égales à 0 matière de pomme. Et non pas seulement égales à 0 matière de pomme, mais à 0 absolument, au néant. Car 0 est de tous les *genres*, ou plutôt il n'est d'aucun *genre*, puisqu'il n'est rien ; il ne saurait être concrété, étant entièrement déterminé par lui-même. Dans 0, de même qu'à l'infini, toutes choses sont confondues, il n'y a plus d'hétérogénéité.

Donc, une pomme, et, comme le même raisonnement est applicable à toute unité finie concrète, toute chose, quelle qu'elle puisse être, est, en dernière analyse, formée d'une infinité de fois le néant (1).

Corollaire. — *Toute quantité finie concrète est formée d'une infinité de fois le néant.*

Objections. — On nous a prétendu qu'on n'avait pas le droit, en mathématiques, de conclure de l'abstrait au concret. Or, pour notre part, notre raison se refuse absolument à admettre qu'une vérité mathématique puisse être vraie de l'abstrait et fausse du concret, attendu qu'une vérité abstraite n'est pas autre chose que la formule générale d'un certain nombre de vérités concrètes ana-

______

(1) On va voir, un peu plus loin, quelle autre forme définitive doit recevoir cet énoncé.

logues entre elles. On n'a jamais constaté que 2 + 2 faisaient 4 ; mais on est sûr que 2 + 2 font 4 parce qu'on a constaté que 2 choses + 2 choses faisaient toujours 4 choses, quelles que fussent ces choses.

Mais, a-t-on objecté, si vous pouvez dire que 2 pommes + 2 pommes font 4 pommes, vous ne pouvez pas dire que 3 pommes plus 2 demi-pommes font 4 pommes, car cela reste 3 pommes et 2 demi-pommes, ce qui est différent. — Il nous paraît facile de répondre.

On ne peut additionner que des choses de même espèce, c'est-à-dire, en théorie, égales entre elles. Or, pratiquement, il n'y a pas deux choses qui soient égales, il n'y a que des choses qui ont une ou plusieurs *qualités communes.* Mais, quand on veut grouper ces choses, on fait abstraction de ce par quoi elles sont inégales, c'est-à-dire de leurs qualités non-communes, pour ne considérer que ce par quoi elles ont un commencement d'égalité, c'est-à-dire leurs qualités communes, dont l'ensemble constitue alors une *unité* toute théorique. Et cette unité varie suivant le point de vue particulier auquel on se place. Ainsi, nous pouvons prendre pour unité la pomme, la pomme rouge, la pomme rouge de telle dimension, la pomme rouge de telle dimension et de telle provenance... Donc, nous avons le droit de dire que 3 pommes $+$ 2 demi-pommes font 4 pommes, attendu que ces demi-pommes sont théoriquement égales entre elles comme moitiés de l'unité pomme. Nous en avons le droit, absolument comme nous avons le droit de dire que $3 + \frac{2}{2} = 4$. Si, au contraire, nous envisageons plus spécialement la qualité de pomme *entière*, non coupée, nous ne pourrons évidemment pas dire que 3 pommes $+$ 2 demi-pommes égalent 4 pommes entières, pas plus d'ailleurs que, dans la même hypothèse, nous ne pourrions dire que $3 + \frac{2}{2} = 4$. Ce serait additionner des unités qui ne seraient pas de la même espèce.

THÉORÈME III. — *Le rapport de l'infini à tout nombre est égal au rapport de tout nombre à zéro. En d'autres termes, l'infini contient une infinité de fois tout nombre, comme tout nombre contient une infinité de fois zéro.*

Prenons (1) $\frac{N}{\infty} = 0$. Divisons par N les deux membres de l'égalité ; il vient :

$$\frac{1}{\infty} = \frac{0}{N} \ (4).\text{Or, (1)} \ \frac{1}{\infty} = 0.$$

Donc, $0 = \frac{0}{N}$, chose évidente d'ailleurs. Donc, les deux fractions $\frac{N}{\infty}$ et $\frac{0}{N}$, toutes deux

égales à 0, sont égales entre elles. En renversant les termes, on a, par suite : $\frac{\infty}{N} = \frac{N}{0}$.
Or (3) $\frac{N}{0} = \infty$. Donc $\frac{\infty}{N} = \frac{N}{0} = \infty$ (5), ce qu'il fallait démontrer.

THÉORÈME IV. — *Le produit non nul* $(0 \times \infty)$ *des deux facteurs* 0 *et* ∞ *est abstrait ou concret, suivant que le facteur* ∞ *est abstrait ou concret.*

En effet : 1° un produit abstrait a nécessairement deux facteurs non concrets ; — 2° un produit concret a nécessairement un facteur concret.

Or, 0 — et 0 seul — n'est ni abstrait ni concret (Théorème II). Donc, le produit $0 \times \infty$ est abstrait ou concret selon que le facteur ∞ est abstrait ou concret. Ainsi :

$0 \times \infty$ abstrait = tout nombre fini (Théorème I).

$0 \times \infty$ concret = toute chose finie (Théorème II).

Il résulte de cette dernière égalité, que le théorème II doit s'énoncer sous la forme suivante :

THÉORÈME II (BIS). — *Toute chose finie, quelle qu'elle puisse être, est le produit du néant par un infini concret, c'est-à-dire est formée du néant par un Etre Infini.* — C'est le dogme de la création.

Nota. — Strictement, une pomme égalerait zéro multiplié par l'infini pomme ; un kilogramme de bois égalerait zéro $\times$ par l'infini bois : la rigueur mathématique voudrait d'abord, d'après le théorème IV, autant d'infinis concrets qu'il y a de substances différentes concrètes. Mais remarquons bien vite, pour ne pas être accusé de panthéisme, que « l'infini pomme », « l'infini bois », etc... sont un même Etre Infini, puisque (Théorème III bis ci-après,) un infini concret contient une infinité de fois toute chose finie, par conséquent une infinité de fois la substance pomme, la substance bois. Dès lors, les choses concrètes les plus diverses peuvent provenir du même Etre Infini, lequel les contient toutes *en puissance* : 0 multiplié par l'infini pomme, signifie 0 multiplié par un Etre Infini *voulant* créer une pomme ; la concrétion du produit créé dépend uniquement de l'intention de la volonté créatrice. En un mot, l'infini épuise tous les *genres* sans se renfermer en aucun, ou, pour parler plus scientifiquement, les choses hétérogènes sont homogènes à l'infini.

Du Théorème II (bis) découlent les corollaires suivants :

I. — L'intervention d'un Etre Infini vis-à-vis du néant a pour effet de transformer, à sa volonté, ce néant en toute entité possible. Donc, *un Etre Infini est tout-puissant* : il ne lui en coûterait pas plus de créer un milliard de mondes, pour la simple satisfaction d'un seul homme durant une seule seconde, que de créer un grain de blé (1).

II. — Les vérités mathématiques sont vraies en dehors de l'espace et du temps. Donc, à tout instant de son existence, une chose finie est le résultat de l'action d'un Etre Infini sur le néant, c'est-à-dire, que *l'action créatrice de l'Etre Infini se continue sur sa créature par une action conservatrice* tant qu'il le veut et comme il le veut.

III. — *Un Etre Infini a seul la plénitude de l'être.* L'existence de tout être fini n'est, en somme, qu'une succession d'existences de durée égale à 0, émanant à tout instant de l'Etre Infini.

De même, les vérités mathématiques ab-

(1)　　Sache que Dieu pourrait donner toutes ces gloires
　　　A ce vil ver de terre immonde et chassieux,
　　　Sans étonner un seul archange dans les cieux !
　　　Et sache aussi que Dieu donnerait à cet être
　　　Ce que dans tous les lieux l'éternité voit naître,
　　　Tous les astres qu'on voit, tous ceux qu'on ne voit pas,
　　　Tout ce qui tourbillonne au souffle du trépas,
　　　Et les mille flambeaux tremblant sur le grand voile,
　　　Sans que l'Infini fût amoindri d'une étoile,
　　　Et qu'ayant tout donné, Dieu n'aurait rien de moins.
　　　　　　　　　(*Victor Hugo*, « DIEU ».)

straites s'appliquant au concret, nous pouvons énoncer le Théorème III sous la forme suivante :

THÉORÈME III (BIS). — *Le rapport d'un infini concret à toute chose finie est égal au rapport de toute chose finie au néant. En d'autres termes, un Etre Infini contient (1) une infinité de fois toute chose finie, comme toute chose finie contient une infinité de fois le néant.*

D'où les corollaires suivants :

I. — L'infini ne peut provenir du fini, quelque extension ou variation qu'on puisse concevoir de faire subir à ce dernier. Encore moins peut-il provenir du néant. Donc, il provient de lui-même, *est son propre principe*, et ne saurait se résoudre dans le fini ou le néant dont il est distinct.

II. — *L'infini est immense, incommensurable*, puisqu'il contient une infinité de fois toute mesure que nous tenterions de lui appliquer autre que lui-même. Donc, *a fortiori, il est indivisible.*

THÉORÈME V. — *Il existe au moins un infini concret ou Etre Infini.*

En effet, il est certain qu'il existe des choses

____

(1) En puissance, cela va sans dire. Qu'on ne nous accuse pas d'être panthéiste !

concrètes, des êtres (1). Si on admet que ces êtres ou certains de ces êtres soient infinis, notre théorème est démontré. — Si, au contraire, on admet qu'ils sont tous finis, ils ont chacun, pour auteur, d'après le théorème IV et le théorème II, un infini concret. Donc il existe, au moins, un Etre Infini.

Nota. — Les vérités mathématiques abstraites s'appliquant au concret, nous entendrons dans la suite, par les abréviations ∞ et **N**, tant l'infini et le fini concrets, que l'infini et le fini abstraits.

Théorème VI. — *L'infini est constant et immuable, quelque élément qu'on puisse concevoir de lui appliquer pour le modifier.*

Tous les éléments de variations que nous puissions concevoir d'appliquer à l'infini sont : le fini, **N** ; le néant, **0** ; et l'infini lui-même, ∞ ; puis toutes les combinaisons possibles de ces éléments.

Mais on peut facilement s'assurer que ces combinaisons ne donnent pas d'autres résultats que ∞, **0**, ou **N'** c'est-à-dire **N**. Nous n'avons donc pas à nous en occuper.

____

(1) Ce travail n'a pas la prétention de tenir contre le *scepticisme absolu*. Du reste, ce soi-disant système n'existe pas et ne peut pas exister, puisque, s'il veut se formuler, il est obligé *d'affirmer*, par suite, de se contredire.

1° *Application de N.* — Il faut chercher ce que devient ∞ dans les hypothèses :

$$\infty \pm N, \ \infty \times N, \ \frac{\infty}{N} \ \text{et} \ \infty : N \ (1).$$

Prenons (5), $\frac{\infty}{N} = \frac{N}{\infty} = \infty$. Nous en tirons :

$$\frac{\infty \pm N}{N} = \frac{N \pm 0}{0} = \frac{N}{0} \ ; \ \text{d'où, en multipliant les}$$

deux membres de l'égalité par N : $\infty \pm N = \frac{N^2}{0}$

Or (3) $\frac{N^2}{0} = \infty$, donc $\infty \pm N = \infty \ (6)$.

De (5) nous tirons encore : $\infty \times N = \infty \ (7)$, ce que nous avions déjà établi (théorèmes III et III (bis),

et $\frac{\infty}{N} = \infty \ (8)$. D'ailleurs, nous savions déjà que cette dernière hypothèse $\frac{\infty}{N}$ ne peut modifier ∞, puisque ∞ est indivisible. (Proposition II, théorèmes III et III (bis), corollaire II.)

Enfin, l'hypothèse $\infty : N$ est impossible (Proposition II), pour le même motif.

Ainsi, l'infini ne peut être modifié par une intervention du fini, quelle qu'elle soit.

2° *Application de 0.* — Hypothèses :

$$\infty \pm 0, \ \infty \times 0, \ \frac{\infty}{0} \ \text{et} \ \infty : 0.$$

Or, nous avons :

$$\infty \pm 0 = \infty. \ \text{C'est évident.}$$

---

(1) Il était inutile de poser les hypothèses $\frac{\infty}{N} \ \frac{\infty}{0} \ \frac{\infty}{\infty}$ dans lesquelles ∞ reste indivisible d'après la Proposition II. Mais nous avons voulu montrer l'immutabilité de ∞ traité par chaque genre d'opération algébrique.

$\infty \times 0 = \infty$. En effet (7) $\infty \times N = \infty$. Mais puisque $\infty \times N$ est constant quelle que soit la petitesse de N, il faut bien admettre que si N atteignait la limite 0, le résultat resterait encore le même. Donc $\infty \times 0 = \infty$ (1).

$\frac{\infty}{0}$ ne saurait modifier ∞ indivisible (voir 1°). Du reste, par le même raisonnement, on tire de (8) $\frac{\infty}{N} = \infty$, $\frac{\infty}{0} = \infty$.

$\infty : 0$, enfin, est une hypothèse doublement absurde. (Proposition II, 1° et 2°.)

Ainsi, l'infini ne peut être modifié par une intervention du néant quelle qu'elle soit. C'était, du reste, évident, *a priori*, le néant n'étant rien.

3° *Application de* ∞. — Hypothèses :
$$\infty \pm \infty, \infty \times \infty, \frac{\infty}{\infty}, \infty : \infty.$$
Or, nous avons :

$\infty \pm \infty = \infty$. En effet (6) $\infty \pm N = \infty$. Mais puisque $\infty \pm N$ est constant quelle que soit la grandeur de N, il faut bien admettre que, si N atteignait la limite ∞, le résultat resterait encore le même. Donc,
$$\infty \pm \infty = \infty \ (1).$$

(1) Voir au théorème VII, ce qu'il faut penser des hypothèses : $\infty \times 0$ et $\infty - \infty$.

$\infty \times \infty = \infty$, d'après le même raisonnement, puisque (7) $\infty \times N = \infty$.

$\dfrac{\infty}{\infty} = \infty$ (9) puisque (8) $\dfrac{\infty}{N} = \infty$ (1).

$\infty : \infty$, enfin, est une hypothèse absurde, ∞ étant indivisible.

Ainsi, l'infini ne peut être modifié non plus par une intervention de l'infini, quelle qu'elle soit.

Donc, absolument, l'infini est immuable; il ne peut même se modifier lui-même : nous le savions par ailleurs, mais nous venons d'en faire la constatation algébrique.

Théorème VII. — *Non seulement l'infini existe (Théorème V); mais encore, il est impossible de concevoir sa non-existence.*

En effet, il n'y aurait que deux moyens de poser l'hypothèse de la non-existence de l'infini, savoir :

$$\infty - \infty = 0, \text{ et } 0 \text{ fois } \infty = 0.$$

Mais nous avons prouvé que les expressions $\infty - \infty$ et $\infty \times 0$ donnent ∞ (théo-

(1) En appliquant ce même raisonnement à la formule (1) $\dfrac{N \, :}{\infty} = 0$, il semble qu'on en tire cette absurdité $\dfrac{\infty}{\infty} : \; = 0$, qui viendrait bouleverser nos déductions. Mais il n'en est rien. En effet, en faisant atteindre à N la limite ∞, on introduit dans la formule (1) un dividende indivisible. Dès lors, $\dfrac{\infty}{\infty} :$ diffère de $\infty : \infty$. $\infty : \infty$ est une hypothèse impossible, qui donne le résultat absurde $\infty : \infty = 0$, tandis que $\dfrac{\infty}{\infty} :$ donne nécessairement pour quotient l'unité (Proposition II, 1°). — Or, nous interpréterons plus loin, l'expression $\infty = 1$, qui vient des deux égalités $\dfrac{\infty}{\infty} : \; = 1$ et $\dfrac{\infty}{\infty} : \; = \infty$.

rème VI, 3° et 2°). En rapprochant les égalités ci-dessus, il en résulterait que $0 = \infty$, chose évidemment absurde, et, d'ailleurs, prouvée telle (Théorème III et III (bis), corollaire I). Donc, l'hypothèse ($\infty - \infty$, $\infty \times 0$), qui conduit à ce résultat absurde, est absurde elle-même, autant que supposer $2 + 2 = 5$. Donc, l'infini ne pourrait pas ne pas exister.

Corollaire. — L'infini ne pourrait pas ne pas exister. Donc, les vérités mathématiques étant vraies par delà les espaces et les temps, l'*Infini est éternel*. Et, en effet, Dieu n'a pu se créer lui-même.

Théorème VIII. — *L'infini est unité de nature propre, et il existe un seul Être Infini, ou Dieu.*

(9) $\frac{\infty}{\infty} = \infty$. Mais, d'autre part, $\frac{\infty}{\infty} = $ l'unité, car l'infini se contient évidemment une fois lui-même. Donc, $\infty = $ l'unité. Or, qu'est-ce à dire ?

Nous avons prouvé (Théorèmes I et II), qu'il n'y a que deux éléments irréductibles, ∞ et 0. Or, comme 0 n'est rien, l'infini seul existe irréductiblement. Cependant, nous sommes en face de cette égalité : $\infty = $ l'unité. Par conséquent, cette unité existe irréductiblement; puisqu'elle est égale à l'infini, lequel, d'après le théorème précédent, ne pourrait pas ne pas exister. Mais à quelle unité est donc égal l'infini ? Ladite unité n'est et ne peut être ni 1, ni aucun autre nombre, ni aucun être fini, lesquels tous sont réductibles. Elle est donc l'infini lui-même. Autrement dit, l'infini n'égale que lui-même, et *n'a aucune similitude de nature avec les autres unités*, quantités ou êtres. Les égalités $\frac{\infty}{\infty} = \infty$ et $\frac{\infty}{\infty} = 1$ se justifient ainsi exactes, puisque, conformément au principe arithmétique, le quotient étant de même espèce que le dividende, elles s'identifient et peuvent s'écrire $\frac{\infty}{\infty} = 1\,\infty$.

D'autre part, l'infini-unité étant réfractaire à toute pluralité (Théorème VI), il est nécessairement de son essence d'être unique ; sinon, étant susceptible de répétition, elle varierait comme le nombre multiplicateur. Donc, il n'existe qu'un seul Etre Infini.

Et cet Etre :

Créateur de toutes choses (Théorème II [bis]),

Qui les conserve par sa providence (Théorème II bis, Corollaire I),

Tout-puissant (Théorème II bis, Corollaire I),

Suprême (Théorème II bis, Corollaire III),

Qui est son principe (Théorème III bis, Corollaire I).

Immense et incommensurable (Théorème III bis, Corollaire II),

Indivisible (Théorème III bis, Corollaire II),

Immuable (Théorème VI),

Nécessaire (Théorème VII),

Eternel (Théorème VII, Corollaire),

Un et irréductible (Théorème VIII),

Cet Etre est *Dieu.*

CONCLUSION

Répétons-le en terminant : Toutes ces preuves sont surabondantes.

L'intelligence perçoit par intuition toutes les vérités déduites ci-dessus. On n'écrit guère que des identités, car le seul fait que notre esprit a la notion de l'infini abstrait, prouve qu'il existe un infini concret. Abstraire, en effet, c'est isoler d'un être une qualité qu'il possède. Or, par définition, aucun être fini ne possède la qualité d'infini ; et le *fini* ne peut conduire qu'à l'*indéfini*, essentiellement distinct de l'*infini*, qui est absolument *défini* en soi, comme toute chose ou être.

TROISIÈME PARTIE
DÉMONSTRATION MATHÉMATIQUE

CONCLUSION